yukismart.com/b/6b70e6
AF364392
1
2

body

ciało

head

głowa

face

twarz

grow up

dorastać

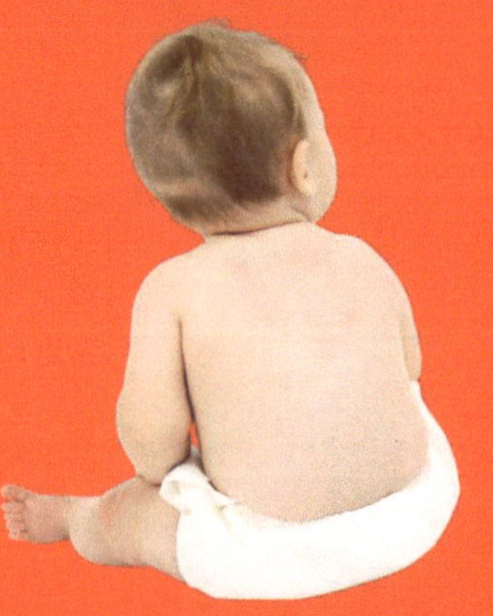

back

plecy

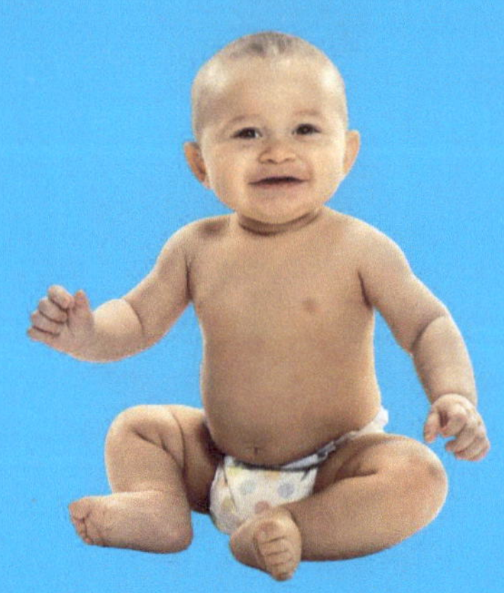

chest

klatka piersiowa

bottom

dół

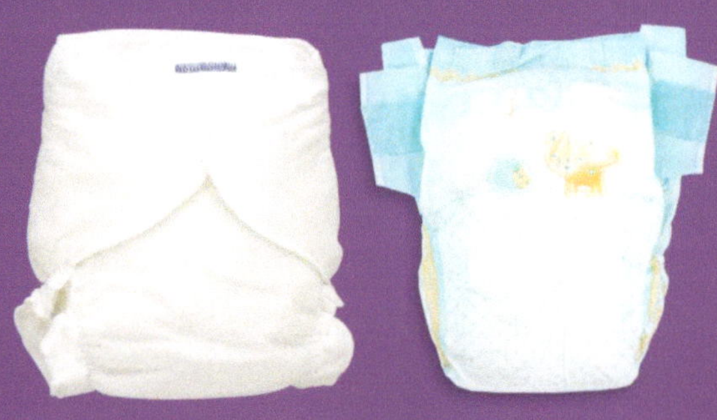

diaper

pieluszka

eye

oko

glasses

okulary

forehead

czoło

chin

podbródek

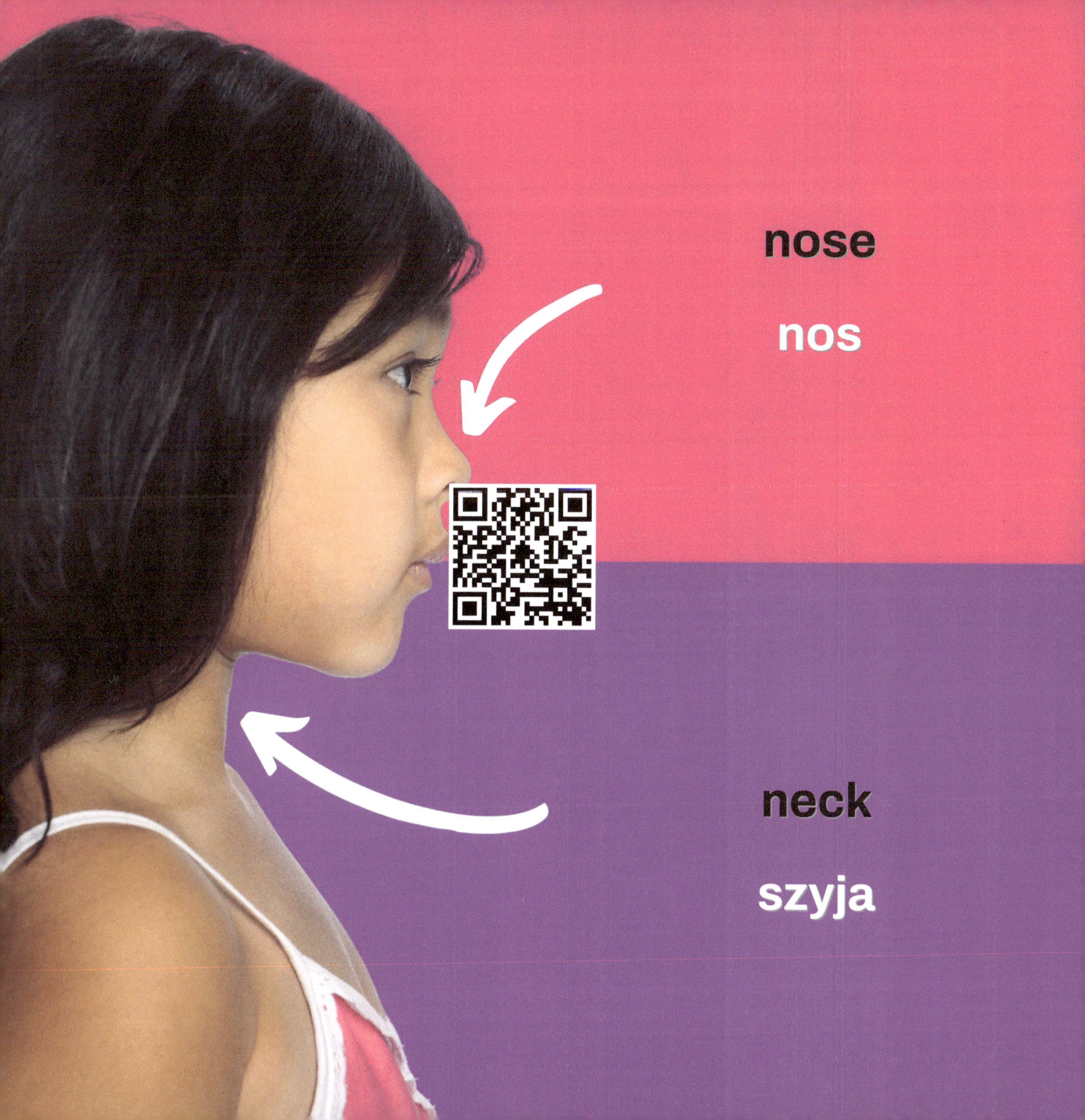

nose
nos
neck
szyja

ear

ucho

cheeks

policzki

kiss

pocałunek

mouth

usta

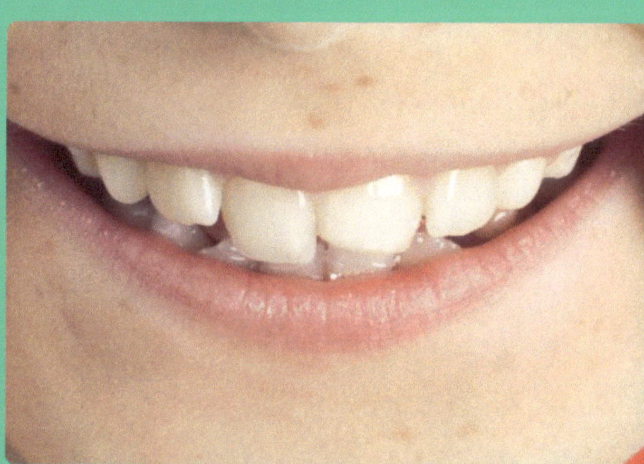

teeth

zęby

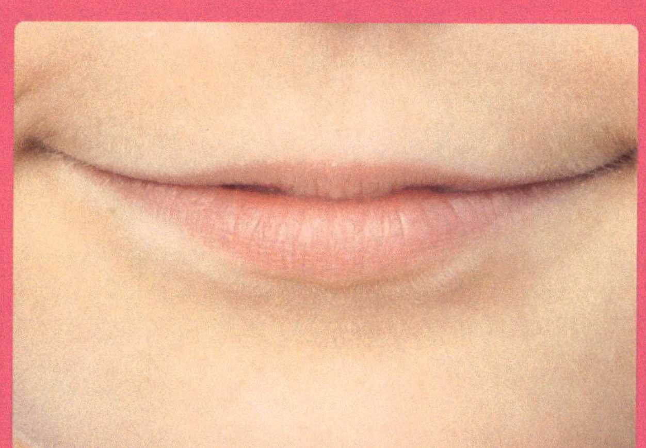

lips

usta

tongue

język

hair

włosy

straight hair

proste włosy

curly hair

kręcone włosy

black hair

czarne włosy

brown hair

brązowe włosy

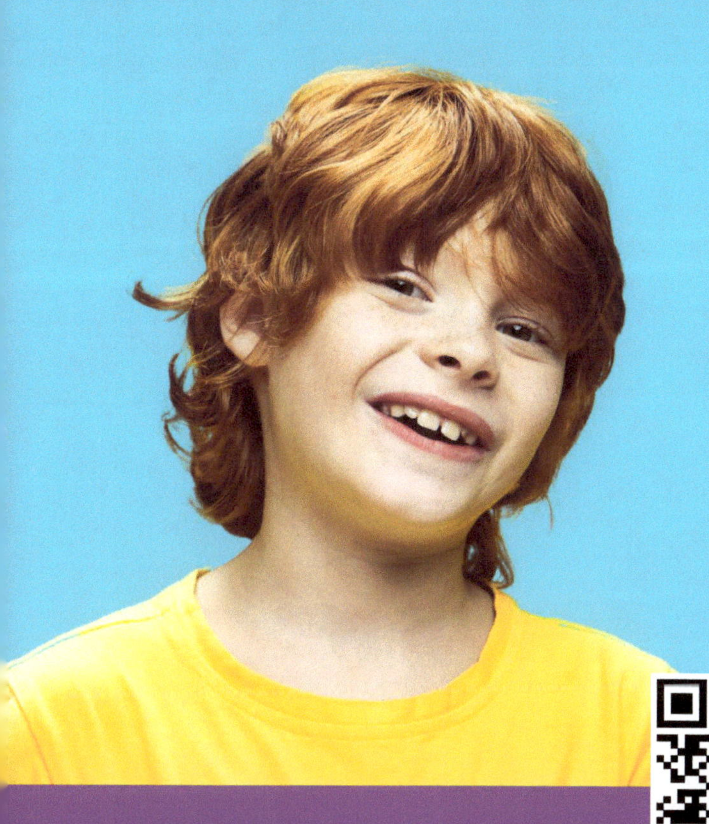

ginger hair

rude włosy

blond hair

blond włosy

gray hair

siwe włosy

bald head

łysina

beard

broda

moustache

wąsy

arm

ramię

elbow

łokieć

hand

ręka

fingers

palce

thumb

kciuk

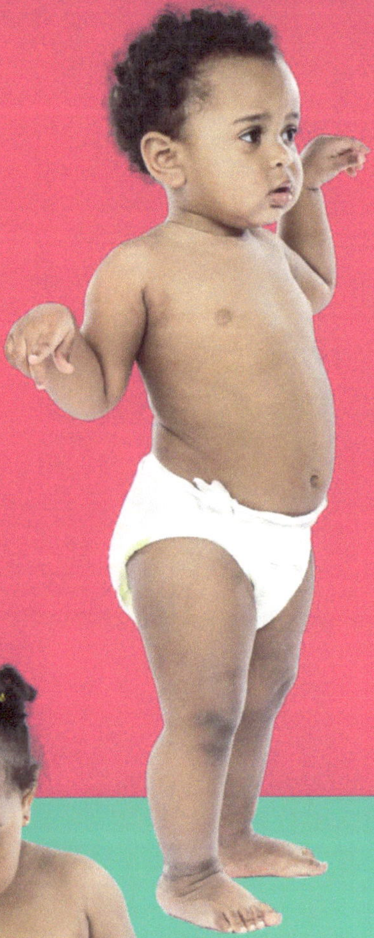

belly

brzuch

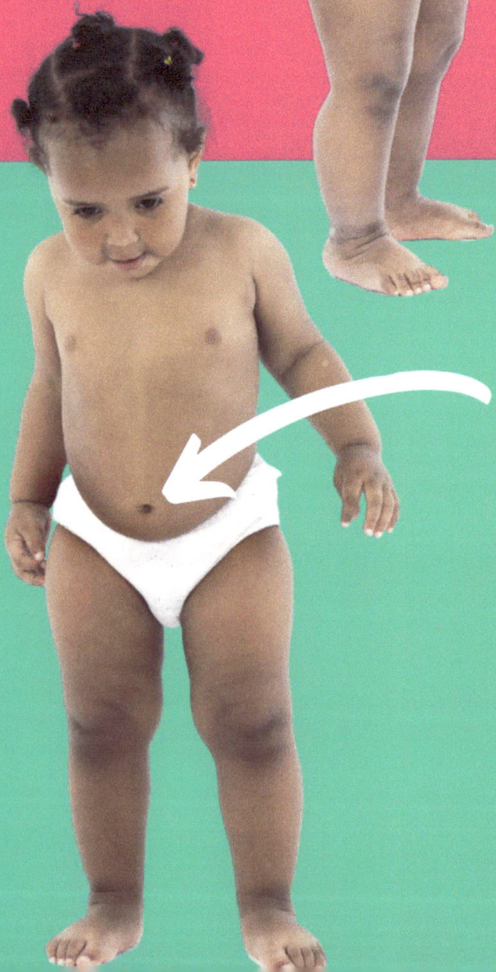

navel

pępek

foot

stopa

leg

noga

heel

pięta

thigh

udo

ankle

kostka

calf

cielę

nails

paznokcie

knee

kolano

necklace

naszyjnik

bracelet

bransoletka

hat

kapelusz

scarf

szalik

coat

płaszcz

pullover

pulower

pants

spodnie

dress

sukienka

rain boots

buty przeciwdeszczowe

socks

skarpety

shoes

buty

mittens

mitenki

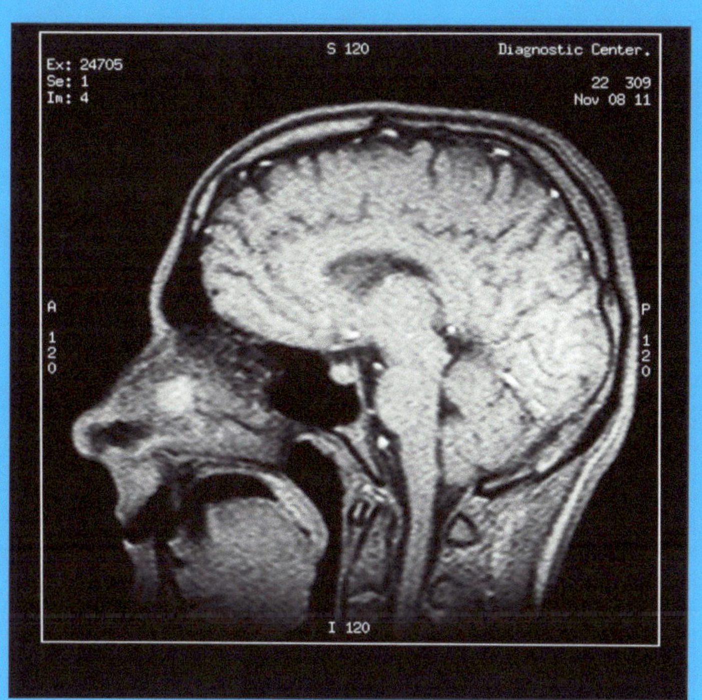

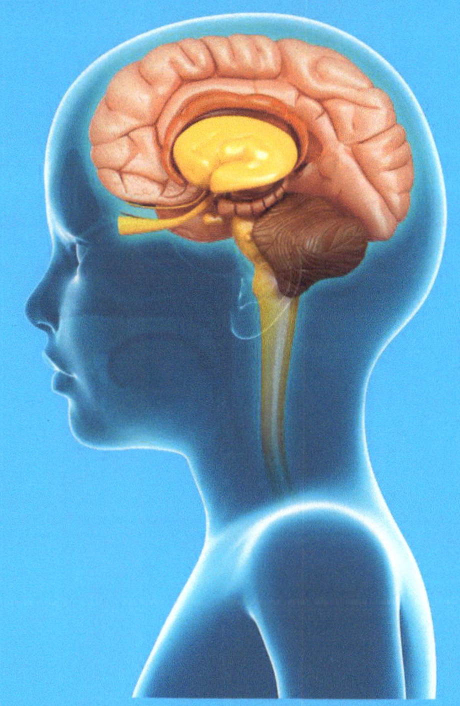

brain

mózg

heart

serce

lungs

płuca

sunscreen

filtr przeciwsłoneczny

sun glasses

okulary słoneczne

soap

mydło

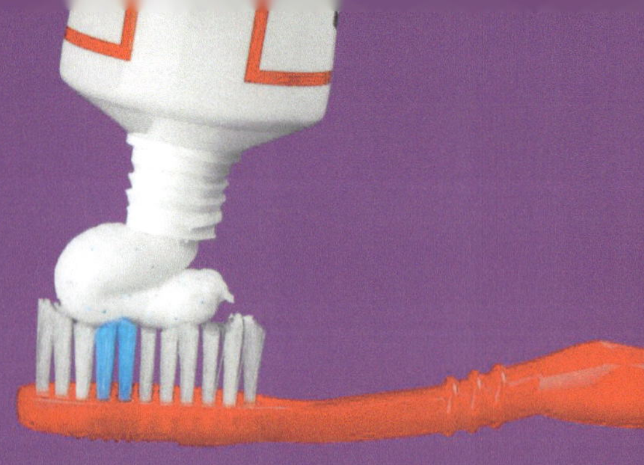

toothpaste

pasta do zębów

toothbrush

szczoteczka do zębów

pain

ból

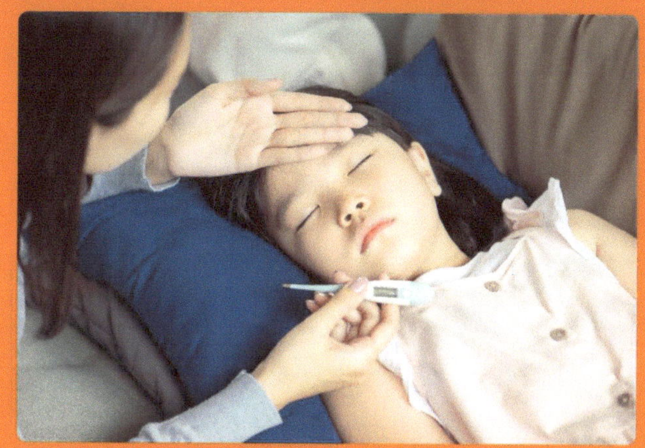

fever

gorączka

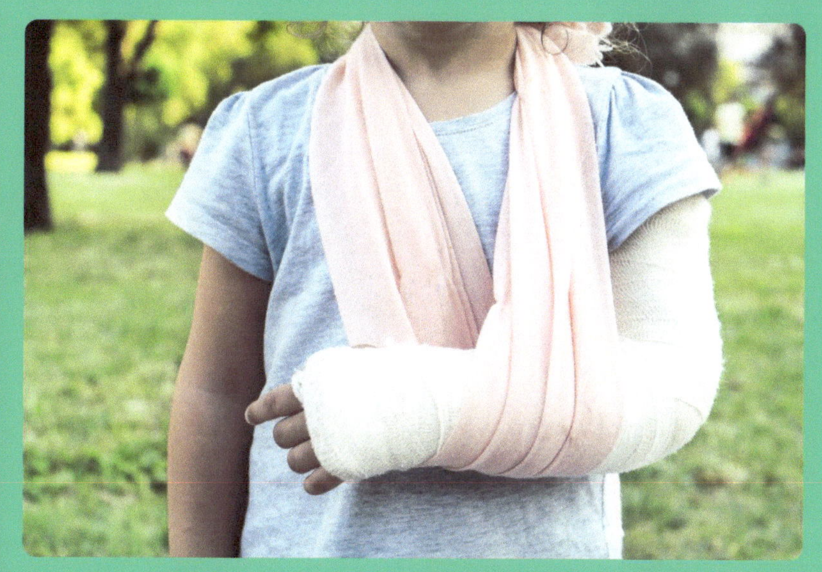

broken arm

złamana ręka

sneeze

kichać

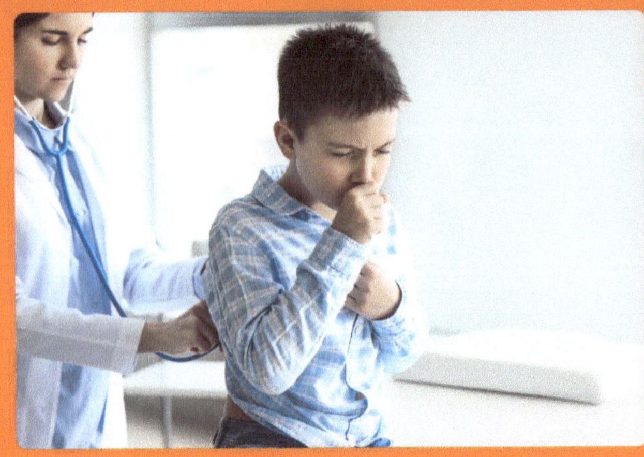

cough

kaszel

dental cavity

ubytek zębowy

pharmacist

farmaceuta

medicine

medycyna

hospital

szpital

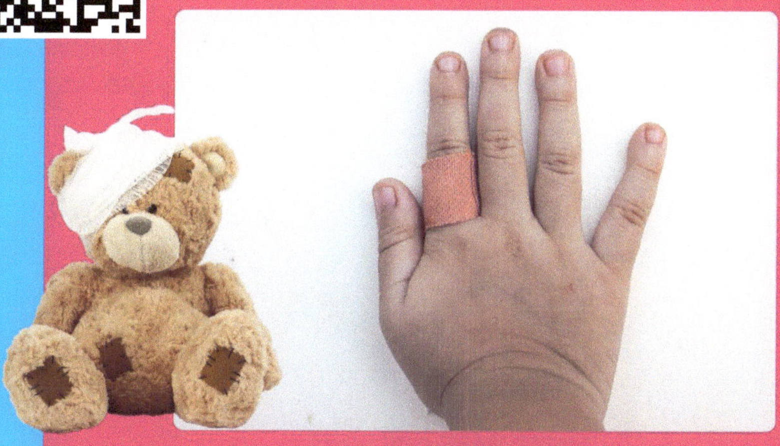

bandage

bandaż

paramedic

sanitariusz

fireman

strażak

firetruck

wóz strażacki

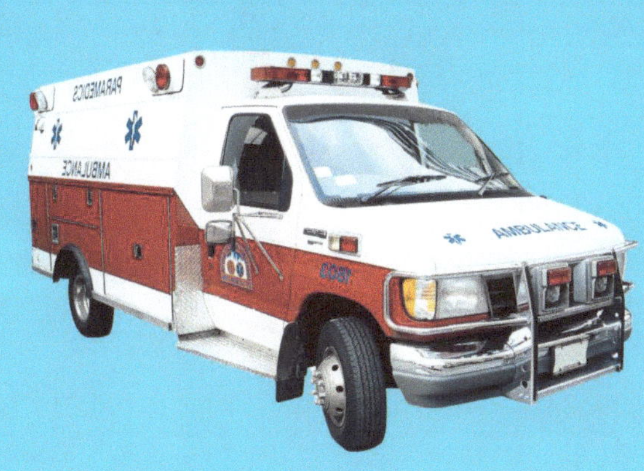

ambulance

karetka

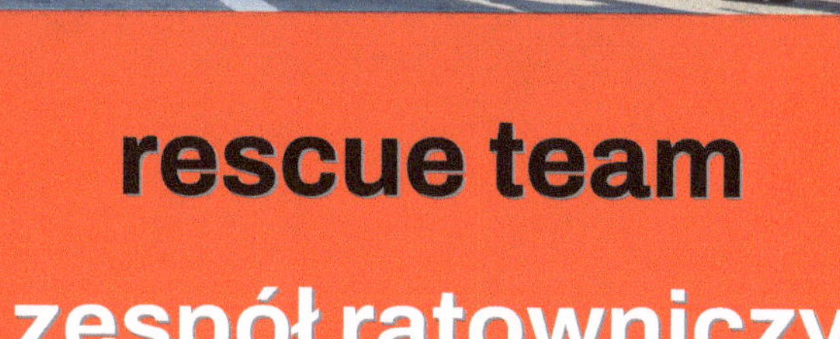

rescue team

zespół ratowniczy

helicopter

helikopter

boat

łódź

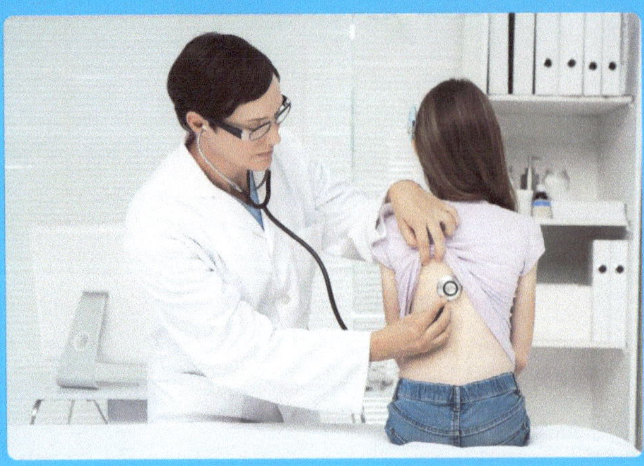

doctor

lekarz

nurse

pielęgniarka

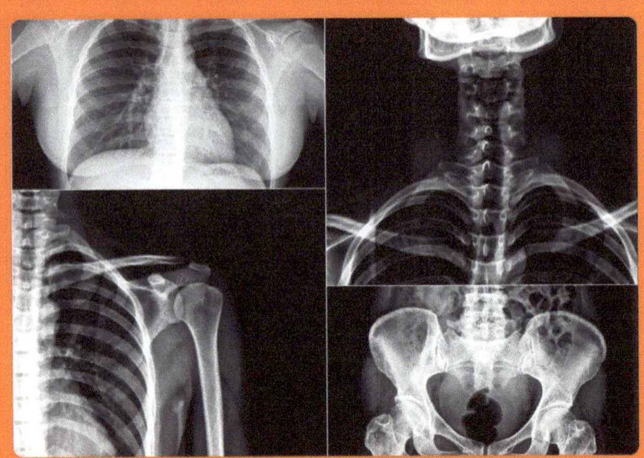

x-ray

rtg

wheelchair

wózek inwalidzki

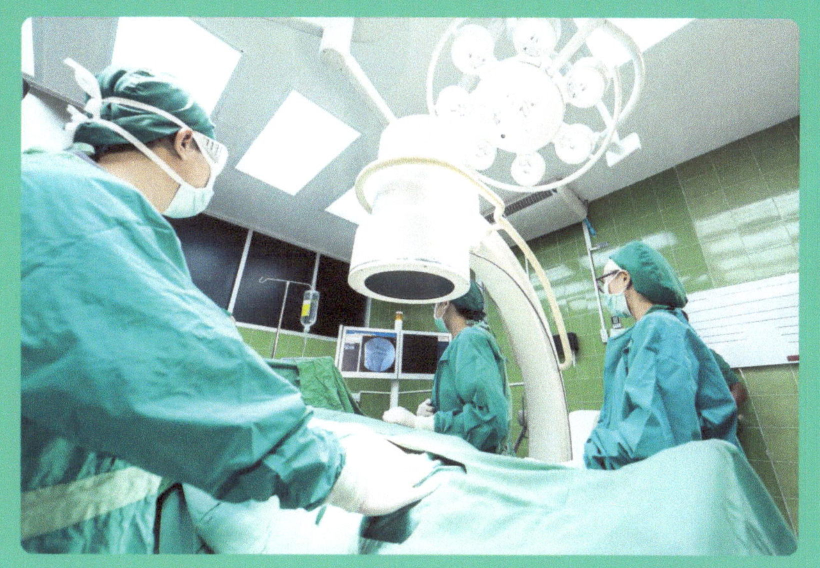

surgeon

chirurg

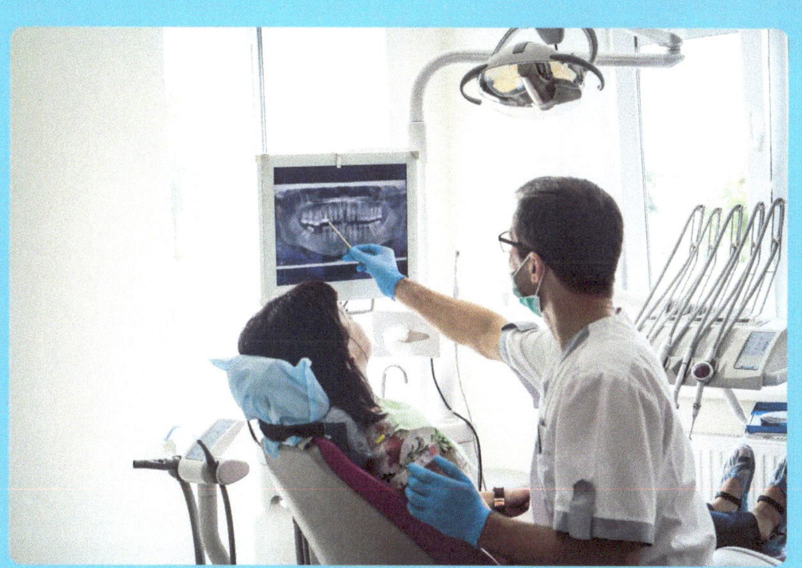

dentist

dentysta

thermometer

termometr

scale

skala

first aid kit

apteczka

vet doctor

lekarz weterynarii

stethoscope

stetoskop

dancing

taniec

basketball

koszykówka

soccer

piłka nożna

swimming

pływanie

skiing

jazda na nartach

judo

judo

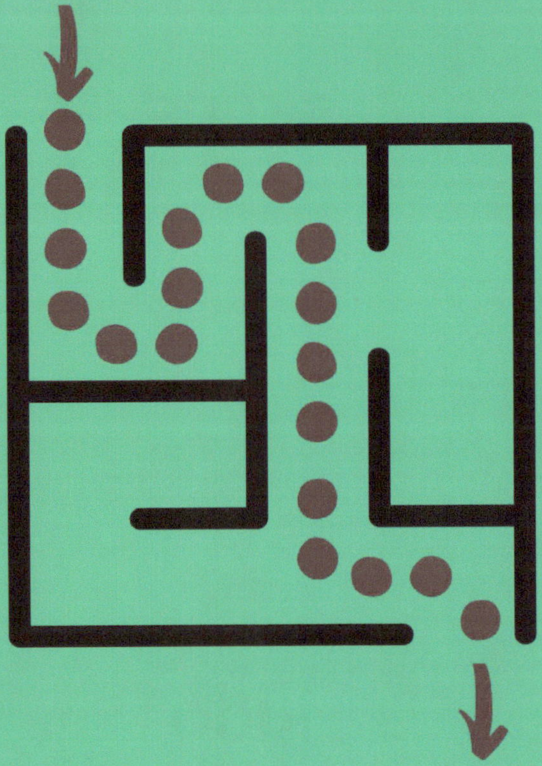

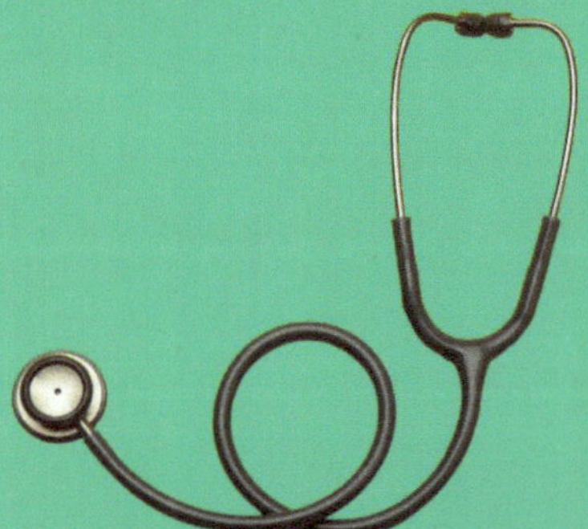

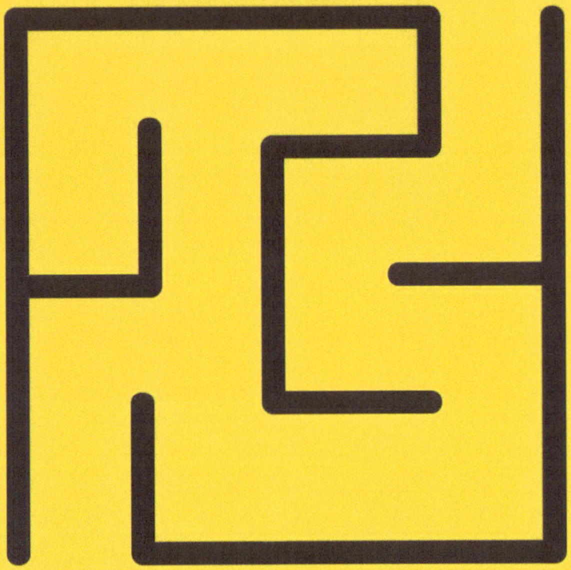